SOÑAR NOS SALVA

ExLibric

GRACIELA NEIRA LAGE

SOÑAR NOS SALVA

EXLIBRIC
ANTEQUERA 2021

SOÑAR NOS SALVA
© Graciela Neira Lage
© de la imagen de cubiertas: Martina Varela Neira
Diseño de portada: Dpto. de Diseño Gráfico Exlibric

2ª edición

© ExLibric, 2024.

Editado por: ExLibric
c/ Cueva de Viera, 2, Local 3
Centro Negocios CADI
29200 Antequera (Málaga)
Teléfono: 952 70 60 04
Fax: 952 84 55 03
Correo electrónico: exlibric@exlibric.com
Internet: www.exlibric.com

ISBN:978-84-10297-18-0
Depósito Legal: MA 1959-2024

Impresión: PODiPrint
Impreso en Andalucía – España

Nota de la editorial: ExLibric pertenece a Innovación y Cualificación S. L.

GRACIELA NEIRA LAGE

SOÑAR NOS SALVA

A mi madre, de la mano de mis hijas.

Prólogo

Soñar nos salva. Así se llama.

Imposible abstraerse de este título, que es hallazgo y también declaración.

Nos salva aquello que, para muchos, quizás, no sirva para nada. Soñar no es una cosa, no es tangible, no es algo nítido ni dispuesto para durar. No es un enunciado, sino una enunciación. Es algo vivo que se muestra en lo que se está diciendo y cuyo atravesar Graciela va envolviendo en escritura.

La trama que aquí vemos construirse es el pulso de un modo de decir «*...cuya letra está parida en el vacío, a la espera de algún pentagrama que la haga bella*». Esta frase, emergiendo ya desde el principio, es lo que hace todo el tiempo el libro aquí presente. Un pentagrama como escritura de cosas que suenan todas al mismo tiempo, que corean juntas sin por ello quedar confundidas entre sí. De muchos modos lo escrito aquí muestra que esa es la armonía que recorre todo el texto.

Si prologar fuese un intento de pensar acerca de lo que se ha leído, me alcanza con decir que, como el sueño, me vi llevado a tomar estos escritos como retazos y fragmentos. Pequeñas piezas sobre las cuales cada vez sucede la tensión misma.

Hay también del descubrimiento que la letra misma porta, a partir del acto de escritura, no por fuera de ella, sino en aquello que no logra distinguir el adentro y el afuera.

Porque existe una diferencia entre lo que se muestra y lo que se sostiene; una distancia entre lo que se da a ver, provocando adjetivos falsos, y lo que se sostiene en la enunciación. Es por esas hendiduras por donde vemos transcurrir aquí a los personajes.

El ejercicio de escritura, en este libro, nos permite entrever el gusto de la autora por haber leído historias mucho antes de contarlas y tomando de ellas la posibilidad de la fragmentación necesaria para poder seguir componiendo otras a continuación.

Este libro nos viene a decir también que los actos pueden torcer un sentido reinscribiendo una tensión muda, que estaba arrebatada a la palabra. Cuando el sueño se cuenta, se salva del olvido por la palabra

Así es como Graciela se dispone a escribir una y otra vez aquello que insoslayable se presenta como piezas pequeñas, sutiles y contundentes que obligan a un despertar, no el de aquel que clarifica limpiamente, sino del que debe seguir con su propia nocturnidad. Pues si algo pasa por estas piezas es una continuidad en la que no es posible iluminarse. Es así que nos despertamos en la noche y a la noche, con la cara oculta de la luna, que brilla sin mostrarse.

Algo puede interrumpir el sueño y algo puede quebrar lo que alguien hasta entonces imaginaba. Pero la escritura aquí no propone una fórmula de iluminación, sino más bien el testimonio del tránsito por ese quiebre que hace de metamorfosis en la realidad.

Ese claroscuro está allí para ser mostrado en tono testimonial y no para ser resuelto, pues este distorsiona la mirada que siempre está difuminada respecto a su ubicuidad con las cosas. Así hay una mano aquí, entre los cuentos, que se dirige a un borde difuso y un decir que se dirige una y otra vez a un devenir desprovisto de las resoluciones de precisión.

Estos textos logran hacer transcurrir esos tiempos en los que las existencias se encuentran con sus opacidades. El texto muestra que eso es el tejido de lo propio y de lo impropio que las lanza a decir sin ubicación.

Graciela ha logrado hacer pasar una experiencia y nos da la oportunidad de asumir, junto a ella, el tono poetizante con el que compone todo aquello que, al franquear cada vez el umbral que nos pone ante su escritura, no es posible formularse de otro modo.

Fernando Montañez

Mis recetas

El deseo siempre se hace lugar…

Abrí este cuaderno con la intención de escribir algunas recetas. Al colocar el título, sentí deseos de comer una torta de queso. Fui a prepararla. Ahora se está horneando y voy volcando en esta hoja algunos ingredientes. ¡A ver qué sale!

Me escolta un té negro, compañero de todas las horas. Pienso en mi vocación más visceral: ser trovadora. Me apetece crear y contar historias. No tengo intenciones didácticas, sino un fuerte deseo de dar lugar a los deseos. En los relatos, se desprenden los cauces que los habitan, como los aromas de las flores. Todo en esta vida está impulsado hacia un destino, y los destinos se componen de luces y sombras. De modo que se va ensayando un camino entre lo conocido y lo ignorado. Pero a estas alturas de mi vida sospecho de lo ignorado. Creo que se trata de un disfraz para no ser reconocido en su legítima identidad. Temo que es en las sombras donde habita el saber. Ocurre que el saber no suele ser sabido. Y allí radica su fortaleza. Nos conduce —obedientes— al sitio preciso.

Y ¿por qué hablo de las alturas de mi vida? Porque en las últimas medias vueltas de la caminata, comencé a ver con claridad algunos nexos que se le escaparon a mi vista cuando gozaba de su plenitud. No se trata solo de huellas lo andado, sino también de textos. Y, en algún punto del recorrido de la letra, comienzan a hacerse comprensibles unas cuantas cosas. Me es grato presentarles algo —no algunos— de esos decires, pensares y sentires que conforman mi trova, cuya letra está parida en el vacío, a la espera de algún pentagrama que la haga bella.

La maestría de los sueños

Los sueños son portadores de sabiduría. Ese despliegue que aparece en nuestras horas de sueño es la más grande maestría de nuestra existencia. Y es exactamente sobre nuestra existencia que se explayan. Hacen texto de nuestra historia, le ponen letra a todo cuanto afecta a nuestro ser viviente. Quienes hicieron y hacen nuestra identidad, en sus infinitas formas, aparecen en escena. La tragedia, la comedia, la farsa, el melodrama se pronuncian y se enredan en un juego laberíntico que burla a la memoria. Todo es cierto, todo es falso en esos escenarios que nos provocan con la ilustración. Todo es posible cuando se cuenta con la alianza de la prohibición postrera. Disfraces por doquier, fusiones mágicas y traslados alquímicos siembran las pistas.

Respeto y valoro especialmente esas piezas únicas que tejen un juego de estilo paleontológico. En los intersticios de este juego, he podido recrear algunos cuentos que se nutren y trascienden el texto-sueño originario. Allí van…

El lazo del nudo

Era tarde para almorzar y temprano para merendar. Sentían apetito y decidieron comer algo ligero ignorando protocolos y rutinas sociales. La conversación se fue encauzando hacia esos huecos que se repetían en la cronología familiar. La joven parafraseaba las preguntas de siempre, pero esta vez su lengua se enredó en la confusión y la pregunta esencial fue parida en una afirmación: «¡Tu padre los abandonó!». La conclusión clara y firme atravesó la defensa de su madre, y esta pronunció un «sí», dejando caer ese guion que había sostenido toda su vida. Se desenlazaba un nudo de tres generaciones, pero la decepción y el dolor la estrangulaban. Verdad y mentira quedaban expuestas como el lecho del río ante la sequía.

Dijo que le contaría todo bajo la condición de una promesa. Debía jurar que nunca traicionaría el secreto, por ninguna razón, que con nadie abriría este cofre que hoy iba a entregarle. Madre e hija enlazadas en un mismo llanto, que horadaba la genealogía. La explicación rezaba así:

—Éramos pequeños y veíamos día tras día las discusiones vehementes de nuestros padres. Mi madre no toleraba su ideología de izquierda, y él, mi padre, insistía en una ridícula versión de justicia ingenua para toda América. Describía los pasos que debían seguir para trasladar a toda la familia a Cuba y unirse a la causa de la revolución. Mi padre hablaba con una certeza que no dejaba lugar a ninguna duda. A medida que él hablaba, mi madre se desbordaba en una crisis de impotencia que la atormentaba.

Las discusiones iban transformándose en monólogos superpuestos de gritos y agresiones. Mi madre le reclamaba la incoherencia, la ceguera frente a la situación familiar. Solía repetir: «¿A qué pueblo querés salvar si no sos capaz de sostener a tu familia? No permitiré que nos hundas en una miseria mayor que la que nos es propia». Mi padre declamaba supuestos principios de soberanía y libertad americana. Se adentraba en su discurso y parecía perder contacto con todo cuanto le rodeaba. Nombraba al Che y su compromiso con la causa. Mis hermanos y yo temblábamos observando estas escenas. Era como un naufragio que se iniciaba una y otra vez. Los gritos cedían luego de un tiempo —que no responde a ninguna unidad de medida—. Sin embargo, ese clima de tragedia permanecía y, en el silencio de sus voces, parecía más peligroso que en el estallido.

Una tarde de noviembre volvía de la escuela con el boletín que documentaba que había aprobado tercer grado, lo cual había implicado un gran esfuerzo para mí. Encontré a mi madre rígida en el patio, como una estatua de la plaza. Parecía muerta, y hoy creo que estaba muriendo aquella tarde. Llegó mi hermana menor, y cuando estábamos los cuatro a su alrededor esperando una señal suya, dijo: «Su padre se fue lejos esta mañana. Nunca más volverá y aquí no se hablará nunca más de él. A quienes pregunten, siempre les dirán que él está trabajando en una misión de la Iglesia en el Caribe». No comprendíamos nada de lo que mi madre decía ni de lo que en verdad sucedía. Solo intuíamos que no debíamos hacer otra cosa que seguir los pasos que mi madre indicaba. Los días y los años siguientes fueron muy confusos pero más tranquilos.

La rutina familiar funcionaba muy bien. Todos obedecíamos y no hacíamos preguntas. Con el paso de los años, volví a ver sonreír a mi madre. Ella luchó de forma aguerrida para darnos una familia amputada y disfrazada, una educación libre para aplicar puertas afuera de la casa. Nunca más se habló de mi padre y no recibimos noticias suyas jamás.

Mi madre hizo una pausa después de esta descarga, y yo aproveché para decir:

—¿Por qué nunca me lo dijiste? ¿Por qué me contaste que el abuelo había muerto cuando tenías ocho años?

Volvió a mirarme con ese dolor que la atravesaba y concluyó:

—Cumplí mi promesa, esa que hoy estoy rompiendo porque creo que puedo pasarte el legado.

Sentí el lastre pegajoso del secreto familiar y la fusión del dolor que se sella en lo transgeneracional. Y, aun así, supe que celebraba la verdad y le buscaría un cauce. Por esa ruta transito…

Santiago de Cuba, noviembre de 2010

No-Lucía-la-letra

Su silencio era violento, estremecedor. Despertaba asombro e ira en quienes se ocupaban de sus saberes en aquella biblioteca gótica de la universidad. Su compañera de cuarto tomó un espejo y lo puso frente a ella. No podía ver. Su mirada estaba rígida en aquella pintura del ala central. La obra correspondía a un pintor italiano del siglo XVI. Representaba un coro de niñas que se reflejaban en las orillas de un lago, y en ese espejo había un rostro que se fundía en las aguas. Esa ausencia tenía atrapada a Lucía.

Cada tarde, acudía a la biblioteca, se ubicaba en la misma mesa y abandonaba el mundo para adentrarse en la trémula paleta de Pissagio. Estaba cursando el último año de la carrera de Letras. Algunos autores despertaban su pasión y se elevaba en las páginas como una bailarina en los brazos de su *partenaire*. Pero día a día retornaba a aquella cueva en la que se suspendía, se retiraba de la realidad.

Profesores y alumnos hablaban de Lucía, de sus ausencias, de sus pupilas fundidas en el lago de Pissagio. El profesor titular de Literatura Medieval deseaba ayudarla. Quería rescatarla de esa obsesión que parecía oprimirla.

Un atardecer, cuando los estudiantes comenzaban a retirarse de la biblioteca, el catedrático se acercó a la mesa de estudio de Lucía. La saludó, pero ella no respondió. El profesor intentó atravesar su incomodidad y adentrarse en el rescate. Dijo: «En la aparente calma del lago, hay un rostro devorado…».

El éxtasis se rompió. Lucía volvió su mirada enardecida sobre el profesor. Quiso hablar, pero el temblor no le permitió articular palabra. Deambulaba en un pretexto que no alcanzaba a decir; se quedaba en lo antedicho, en lo incomprensible, en sonidos vacíos que se escapaban a la normativa de la lengua.

El profesor le entregó una hoja y una pluma, enfrentó su mirada y le propuso con firmeza que le pusiera una voz al rostro ausente del lago. Lucía tomó ese manto, se dejó abrigar por él y, con una letra desgarbada, comenzó…

Cada vez más, te encuentro mientras me pierdo. Cuando dejo de ser, acaricio la paz de retornarte. Sé que allí en lo alto me acompañas, pero no logro descifrar qué quieres decirme. Tu ausencia me busca y me atrapa, me enreda y me quita la letra.

Entonces, lo más amado me es arrebatado. Mi propia existencia se desdibuja en tu ausencia. Entre todas las niñas, solo una quedó sin semblante. Ella no está en el espejo de las aguas, pero sí está en el coro. Algo canta, pero no puedo escucharlo. Busco incansablemente en todos los libros de esta inmensa biblioteca y no hallo su poema. Conforme van pasando los días y los años, se ensancha mi locura y —cada vez más— me es difícil el retorno. Tu historia me antecede; tu nacimiento fue luz. Y allí estás, luciendo en el ala central de este mundo de sabiduría que me grita mi ignorancia.

Lucía firmó el texto que acababa de escribir. Cuando amagó para entregárselo al profesor, lo volvió hacia su plexo y agregó: «Para mi hermana muerta, a quien se le había destinado este, mi nombre, en el que día a día oscurezco».

El profesor besó su frente como ensayando un bautizo y dijo:

—Después de este texto, tendrás que darle un nombre a la escritora, que como todo escribiente, está parida en una ausencia.

Por primera vez, Lucía volvió la vista a la pintura y parpadeó. Se supo escoltada.

Labor quijotesca

Cada mañana iniciaba una ruta. Ese destino era lo posible. Había que lidiar con una hostilidad reinante que sofocaba todo atisbo de alegría. Con terquedad suprema, redoblaba las fuerzas en busca de lo sano. Contaba con el cariño, el respeto y la camaradería de unos cuantos, pero no resultaba bastante para desarmar lo perverso.

A plena luz del sol, las aulas lucían oscuras. Los niños quedaban apresados en una supuesta excelencia académica que no hacía otra cosa que desvincularlos de su propia esencia.

Maestros, padres, hermanos, abuelos conformaban una masa amorfa ante los ojos de quienes marcaban el cauce de la institución. Ponían y sacaban como muebles a las personas en diferentes cargos. Estaban los que les resultaban útiles y los que creían inútiles para sus objetivos. Todos tenían fecha de caducidad; todos eran objetos para utilizar, vaciar y desechar.

Se alzaban voces de protesta, de tanto en tanto, y se las silenciaba con lo que interpretaban como «rigor académico». La libertad en todas sus formas era confundida con el mal ejemplo, el mal vivir.

En medio de esa hoguera, ella promovía abrir ventanas, soltar las voces, leer poemas. Su mirada de la escuela era lo opuesto a la orientación que las autoridades de ese espacio buscaban.

Conforme pasaba el tiempo, tomaba mayor conciencia de esa grieta y se empeñaba en una lucha pacífica pero aguerrida para rescatar la ternura. Los buenos maestros enseñan que esa es la piedra filosofal en la que debe basarse el quehacer educativo. Algunas veces, la vida le regalaba la sonrisa de los niños que se sabían escuchados, y con eso el oxígeno aumentaba para algunos.

Describir esa tortura modernizada puede parecer un discurso de paranoia. Sin embargo, quienes pasaron por esos claustros sin perder el alma saben bien que no hay exageración ni distorsión. Unos y otros se renuevan, y aquellos, con disfraces y sutiles normativas, van perfeccionando el horror del vaciamiento.

Se producían consecuencias de daños físicos y psíquicos, todos leídos como flaquezas o incompetencias por parte de los responsables-diseñadores del sistema. Era curioso contemplar las felicitaciones y los premios que recibían de instituciones que confiaban en sus estadísticas de utilería.

Más allá de los esfuerzos, los daños se producen y tienen un efecto de sumatoria que oprime. Un trabajo no debería ser un padecimiento, y si lo es, no hay otra solución que la salida. No podía comprender esto e insistía en construir puentes sin reconocer que los lechos de esos ríos ya eran sequías.

Las acciones erradas ocasionan terrenos estériles y las decisiones perversas originan el caos y el horror. Afortunadamente, ese horror la expulsó, quedó de bruces en la sequía del cauce que no pudo ser más que algunos hilos de agua fresca de tanto en tanto.

A pesar del dolor, el agotamiento y la frustración, había aprendizajes importantes por rescatar. Todo lo hecho, todo lo escrito y lo sugerido conforman un mapa de saberes amasados. Entre las muchas semillas que se siembran, son muy pocas las que logran abrirse y verdecer. Pero todas ellas son llamados, convocatorias fraternales a la sublime esencia de la vida.

En aquella escuela con arquitectura de castillo medieval, con reputación de formación digna de linajes reales, transcurrió gran parte de su ejercicio laboral, de su saber hacer en lo académico y en lo humano. Salió de ese exquisito laberinto macabro de la Europa selecta y se fusionó en el sentir y el saber de la tierra misma, en consonancia con lo ancestral.

Aún se desempeña como maestra rural en una escuela de montaña. En su escuelita, los niños respiran libertad, tejen solidaridad, encienden fogones, amasan panes, recogen frutas y flores. Celebran la dignidad y ponen de gala la vida cada día.

Aquel padecimiento le hizo dar a luz una escuela que forma caballeros y caballeras andantes. Los molinos de viento se hicieron origen y destino.

El recorrido oculto de Caperucita

Siempre recordaba una noche de su niñez. Una vez en que sus padres tuvieron que ir al velatorio de una abuela, o alguien que intentó serlo. Esa noche la cuidó una vecina muy querida por la familia, una abuela-otra. Le leía un cuento de Caperucita Roja en el que las imágenes estaban partidas, como si ilustraran su noche. Todo era confuso, y en su recuerdo también lo era. Tal vez por eso retornaba tanto a su memoria.

Comenzaba a aceptar que lo que se vive es lo que se almacena. No hay explicación ni datos que puedan modificar esa impronta. Aquella Caperucita parecía tener una historia partida: una cesta, un bosque, un lobo, una abuelita. Todo dibujado y desconectado. Una página divorciada de la otra y una niña intentando hallar alegría que no hace más que tropezarse con tragedias.

El cansancio fue desvaneciendo la historia del cuento y la llevó al sueño. Allí sí hubo un despliegue encadenado. Se soñó perdida en un bosque en el que las raíces de los árboles se alzaban de la tierra y la amenazaban con tomarla; debía saltar y correr para escapar del peligro. Vislumbraba un arroyo en el que cedía la frondosidad del bosque. Anhelaba atravesarlo, aunque tampoco se sentía segura en el agua. Después de sortear raíces extrañas, se arrojaba al arroyo (ella no llevaba cesta). Se apresuraba para ganar distancia y, en pleno esfuerzo, divisaba que en la otra orilla la esperaba una jauría de lobos. La desesperación la dejaba vacía. ¿Qué hacer?, ¿avanzar?, ¿dejarse ahogar o ser alimento de los lobos?

Esos segundos abrieron una grieta como quien rasga un papel. La abuela-vecina la despertó con un desayuno entre las sábanas y un beso sobre su frente. Supo así del rescate, el milagro del cuidado. En la orilla de su cama, unos ojos enmarcados en muchas arrugas le daban la bienvenida a la vida. Quitaban los lobos y evaporaban el agua del arroyo. Bebió un té con leche azucarado; comió las tostadas con manteca y mermelada de ciruelas.

El mundo se iba transformando ante sus ojos. Su sangre recibía nutrientes y su cabeza, oxígeno. Aquella mañana, venció la adversidad. Sin embargo, la sensación fría y oscura de la hostilidad y el encierro la visitaría con frecuencia en su vida adulta.

Ocurrió que un día, sentada al piano, mientras ensayaba para un concierto que daría en la Arena de Verona, sintió el rescate de aquel beso en la frente. Cerró la partitura de *Lucía de Lammermoor* y se entregó —por primera vez— a la musa que la visitaba. Escribía una tras otra las notas sobre el pentagrama. Esta vez no escapaba a las formas monstruosas del sueño ni de sus recuerdos. Componía su primera obertura, a la que llamó *De las orillas*.

Un importante crítico italiano de música clásica dijo sobre su obra: «La gran pianista María Palvecco se lanzó a la composición superando en su escritura la experticia de años de intérprete. Manifiesta un cuidadoso recorrido de emociones que nos llevan de la calma a las pasiones, sin que medie un respiro. Su obertura presenta un momento álgido de arpegios y acordes que se superponen, creando un clima fantasmagórico potente, que resuelve como en el manto de una canción de cuna. Con una fuerza singular, integra piezas musicales disímiles, para darles un recorrido novedoso en una versión clásica que nos envuelve en vientos y mareas, culminando en un despertar con sonidos de grillos».

La tranquera

No lograba recuperar el aliento. Después de un silencio aletargado en el que habían transcurrido veinte años de su vida, en una noche, la locura de descubrirse en un pozo la llevó a hablar. El discurso no respetaba ningún orden; eran múltiples impulsos que se atropellaban por emerger.

La gente la observaba y no comprendía. Aquella mujer elegante, siempre excedida en cuidados, estaba presa en un relato descontrolado, despojado de la preocupación por la opinión de los otros. Parecía un vómito de palabras que no había podido digerir. Venía acumulando el agotamiento y el dolor de varios días y noches en los que cuidaba a su padre enfermo.

Volvió a casa para descansar. Se dio un baño, entró en la cocina y, cuando se disponía a realizar una cena ligera, tres hombres armados entraron —con cuidado— por la puerta que daba al jardín, la cual estaba abierta para sentir el aire fresco de la noche. En aquel pueblo, nadie temía mantener abiertas las puertas y ventanas, porque se caracterizaba por la tranquilidad reinante.

Dos de los hombres se acercaron a ella. Con voz suave, uno le indicó:

—Vas a darnos todo el dinero y las joyas. Después comes tranquila.

El tercer hombre se ocupaba de poner la tranca en la puerta por la que habían ingresado, mientras picoteaba algo del queso que estaba sobre la mesa.

Aurora se dirigió al escritorio de la casa, escoltada por quienes la sentenciaron. Abrió un cajón, tomó el dinero y lo entregó. Uno de ellos apoyó el arma en su pecho y susurró en forma burlona:

—Sabemos bien quién es tu marido. ¡Lo queremos todo!

El temor la entorpecía. Tomó un libro de la biblioteca, *El hombre mediocre*, sacó un sobre pequeño de entre las páginas y, de allí, obtuvo una llave. Corrió un espejo y abrió la caja de seguridad. Cuando se disponía a sacar el dinero, la tomaron de ambos brazos y la tiraron en el sillón. Uno le apuntaba con el arma; otro quitaba el dinero y las joyas con rapidez y las metía en un bolso deportivo. Los papeles —documentos, títulos de propiedad, cartas de familia— los arrojaba al suelo sin mirarlos siquiera.

Conformes ya con lo obtenido, cerraron el bolso. El hombre que estaba custodiando en la cocina se acercó con algunos perfumes que había tomado del baño y un collar de perlas y corales que Aurora había dejado junto a la bañera. Era un diseño propio que había realizado su joyero personal bajo sus indicaciones precisas. El asaltante abrió de nuevo el bolso y guardó esos objetos.

Entre tanto, uno de ellos comenzó a amarrarla al sillón y la amordazó con fuerza. Mientras los otros dos se disponían a salir rápidamente, el tercero la miró a los ojos y dijo de forma intimidatoria:

—Esto es entre nosotros. No informe a la ley, señora.

La tomó de un hombro, acarició su cuello. La mujer entró en pánico. De repente, se escuchó un coche entrando por el camino de la estancia. El hombre la besó sobre la mordaza, fijando la mirada en sus ojos aterrados. Los tres ladrones salieron por la puerta por la que habían ingresado, ahora corriendo.

En pocos minutos, entró su marido. Vio algunas cosas desordenadas en el salón y la llamó:

—Aurora, ¿dónde estás?

Avanzó por la casa, entró en el escritorio y la encontró atada y amordazada, quieta y confundida. Parecía un gráfico de lo que le había dedicado en los últimos años de su convivencia.

Mientras la desataba, le preguntó qué había ocurrido, entre caricias y abrazos. Ella comenzó a relajarse en sus brazos, como siempre. Allí se sentía contenida y resguardada. Entre llantos, comenzó a explicar lo ocurrido. Interrumpió sus palabras, se alejó del abrazo y dijo que quería lavarse. Fue al baño; él la siguió. Ella enjabonó sus manos y su rostro, luego el cuello y los hombros. Comenzó a friccionar con fuerza la espuma sobre su boca. Él preguntó con firmeza:

—¿Te hicieron algo?

Aurora le contó todo con detalle. Se abrazaron de nuevo. Él le desprendió la camisa y la tiró en el cesto del baño, diciendo:

—No quiero que conserves nada de lo que esta noche te dañó. ¡Yo me ocuparé de eso ya mismo!

Tomó el teléfono y realizó unas llamadas.

Aurora se duchó. Se relajó un poco. Salió del baño y encontró una taza de té caliente y unas almendras en una bandeja sobre su mesa de luz. Escuchó voces. Se vistió con rapidez, tomó el té y fue hasta el salón. Allí estaban el comisario con dos empleados, el joyero y dos mucamas, todos ocupándose de reordenar las cosas, siguiendo las órdenes del señor Luzuriaga. Él la tomó de la mano y dijo:

—Todo estará bien.

Siguió hablando con el comisario. El joyero, que era casi un amigo de la familia, se acercó para darle una palabra de consuelo. Se aproximaron a la ventana y el hombre le preguntó si le habían robado todas las joyas. Con angustia y cierto cuidado, dijo:

—¿También el corazón de esmeralda?

Aurora explicó que se habían llevado todo lo que estaba en la caja de seguridad y, después de una breve pausa, preguntó:

—¿De qué corazón de esmeralda me habla?

El hombre se puso un poco nervioso. Miró al señor Luzuriaga pidiendo auxilio. Este se acercó y cuando iban a iniciar un diálogo, Aurora comprendió todo. ¡Todo! En un momento. Después del arrebato de tres hombres ajenos a su vida, se enfrentó por primera vez a su historia, la real.

Dio tres pasos, se dio la vuelta y comenzó a gritar:

—Vos sos quien me robó. Lo mejor que yo tenía. Ahora ya comprendo. Mi alegría. Mi confianza. Encanto. Sueño. Te amé. Te amo. Errada. Sí, sí. Luz. Verdad. Velo. Mordaza. Anestesia. Siempre…

Comenzaba a amanecer. Salió de la casa como envuelta en un delirio. El señor Luzuriaga intentó retenerla, pero esta vez no lo logró. Ella estrenaba fuerzas que desconocía.

Dejó atrás la estancia y a esos hombres enredados en dilucidar los datos de lo ocurrido, buscando huellas y señales, mientras en complicidad codificada maquillaban la otra violencia, la elegante y legitimada.

En ese estado de locura e iluminación tardía, llegó al hospital. Los médicos la recibieron en la puerta de la habitación en la que estaba su padre. El cirujano le dijo:

—Me extrañó que no llegaras antes de que entráramos al quirófano. Pero todo salió bien.

Aurora, consternada, solo logró balbucear:

—Es que pasé una noche espantosa, me asaltaron, me robaron todo. Pero, afortunadamente, se llevaron por error mi inocencia, plataforma en la que se desplegó toda mi vida.

El pacto

El mundo quedó reducido al microespacio de un cuarto. El esplendor de ayer hacía sombra en su presente, que lo sentía asfixiante. Tantos años de despliegue económico, de excesos y derroches ahora eran incesantes cadenas de recuerdos en las que se complacía y se torturaba.

Su enfermedad se presentó abruptamente, justo en el momento en el que se retiraba de la vida laboral. Se disponía a gozar de los lujos acumulados en tantos años de un excelente servicio de supervisión de los esfuerzos ajenos. Esa habilidad que las grandes empresas capturan había sido una gran oportunidad. Había llegado a creer que poseía talento. Sus ascensos, los premios, los beneficios económicos, los señalamientos de sus superiores; todo indicaba —en su ceguera— que había sido brillante.

Había reservado su casa a las orillas del lago de Garda para esta etapa del retiro. Un crucero amarrado, un coche deportivo y una camioneta todoterreno disponibles para esos días de descanso que creía merecidos.

Aquella suerte que había acumulado siguiendo el modelo aprendido en la «escuela» de su trabajo hoy no era más que un escenario en el que estaba depositado, padeciendo sus limitaciones corporales. Lo que había sido pensado para el goce había virado a penuria.

Su mujer —así solía nombrarla— estaba a cargo de la administración de esa fortaleza en la que habían quedado apresados y de unos cuantos inmuebles y cuentas de banco que con esmero había adquirido. La crueldad de la vida le había arrebatado toda autonomía: el desplazamiento, el habla, el «dominio» sexual, que había sido su mayor motivación en toda la etapa de expansión. La ecuación actual eran varias restas y un único sumando. El componente de suma era la reciente aparición de pensarse con cierta honestidad. En ese contexto, este aporte se convertía en la mayor tortura.

En la soledad y el silencio que la vida le había impuesto deambulaba, en el recuerdo de todo lo transitado. Iban cayendo los velos de muchas vivencias. En esa actividad mental retrospectiva, se fueron precipitando las certezas de siempre. Fue reconociendo que lo que creía su emancipación económica había venido disfrazado en un pacto macabro. Esa acelerada carrera laboral en verdad no era más que la retribución a su obediente ejercicio de robo de talentos y negociaciones corruptas. Sus almuerzos en hoteles de lujo de variadas geografías, su participación en campos de golf y sus conferencias en ateneos y seminarios empresariales fueron firmes pasos en un pantano. Había acumulado medallas y menciones por sus acciones laborales, incluso distinciones religiosas. Ese brillo ya no lo encandilaba y podía ahora leer las leyendas ocultas en aquellas placas. Así se alzaban las voces que lo acechaban: «Excelente verdugo que supo exprimir la energía de los necesitados»; «Gran seductor de almas corruptas para el beneficio de la organización»; «Constructor de oportunidades y sinergias para el bienestar de unos pocos, alimentado en la condena de muchos».

Podía ver con claridad en medio de tanta oscuridad. Los recuerdos de su vida laboral venían de la mano de su éxito social. Advertía que la misma estrategia había sido aplicada para su familia. El colegio de sus hijos, las reuniones sociales, las cenas con supuestos amigos, las vacaciones paradisíacas; todo había estado encorsetado en una conquista automatizada de prestigio.

Varias aventuras amorosas con las que había condimentado su existencia se habían desarrollado para inflamar su ego. Al repasarlas, notaba cuán escasa —en intensidad— había sido su participación en ellas. Siempre se había sentido satisfecho con la prolijidad con la que había coordinado su desplazamiento en ese laberinto.

Esta enfermedad que lo postraba le mostraba la verdadera esencia de todos sus movimientos. Se sofocaba en la película de su vida incesantemente. Una de esas tardes embebidas en la angustia y el enojo, se fue abandonando al sueño, que era su único regazo. Se soñó en el lugar histórico de su abuelo. Compartía un juego de cartas con sus colegas de alto rango del ejército nazi. Se conversaba con una naturalidad repugnante del horror que diseñaban. Las cartas del sueño no eran de baraja francesa ni española; eran fotos de su historia, momentos en los que había sido aplaudido o admirado por otros. Ejercicios de ostentación de poder. A medida que se repartían las cartas, veía que sus compañeros armaban sus estrategias con esas posiciones de su vida. El juego consistía en llegar a la escena de mayor ventaja para ganar la partida.

Todas las manos sobre las imágenes de su historia. En el momento en el que chocaban las copas con vino rosado, a la salud de las aventuras que les esperaban al concluir el juego, se despertó. En principio, se sintió confundido. Fue recapitulando lo soñado.

Entró en el cuarto una de las enfermeras que se ocupaba de cuidarlo y le facilitaba la ingesta de la merienda. No podía negarse. Ella hacía su trabajo con respeto y cariño. A medida que él tragaba los sorbos de ese café con leche, alzaba su mirada y veía las tranquilas aguas del lago. La voz de su abuelo sonó en su cabeza. Decía en alemán que cuando acabara la guerra se retiraría a vivir tranquilo en el lago de Garda, disfrutando de sus logros.

Esto fue la caída del telón de su representación. Comprendió que toda su vida había estado al servicio ancestral de un horror que estaba sellado en su sangre. No había sido más que un títere en un teatro ciego donde los genes escribían una adaptación del guion.

En los ojos de la enfermera, encontró la mirada de su madre. Sobrevino un infarto masivo que le permitió adentrarse en el anhelado retiro. Horas más tarde, los titulares de los periódicos comunicaban su muerte y expresaban: «Tras el largo padecimiento de una enfermedad degenerativa, fallece el señor Klenz, quien vivió entregado al servicio social de la empresa que dirigía».

Noche de luz

Hay un despertar en la mañana y hay un despertar, otro, que se presenta en la noche. Bajo el sueño que le es propio al dormir, o en el interior de una vigilia trasnochada que se niega a ceder al sueño, aparecen escenas y textos portadores de contenidos, censurados o liberados. Todos vienen a decir…

En una noche reina, con la mirada sobre un océano que se anunciaba profundo, se preguntó con la hondura penetrante de la caída existencial. Era la pregunta del todo y de la nada. Reconocía el paso hacia la madurez. Parecía ser el momento para despedirse del fervor juvenil. El entusiasmo debía mudar a otra realidad. Recordaba lo vivido e intentaba divisar el futuro próximo.

Una música de guitarrones y trompetas venía empujada por la brisa de esa costa pacífica. Estaba rodeada de unos cuantos privilegios y nada alcanzaba para iniciar una respuesta. Comenzaba a impregnarse de una nostalgia que la impulsaba a falsear un poco el paisaje original del recuerdo. Se fue enredando en una confusión y se exigía ignorar lo confundido. Así empezó una trama en la que acomodó —ciegamente— aquello que no deseaba ver. Y realzó todo lo fascinante, todo cuanto la elevaba a enamorarse de ese hombre conocido, pero que no conocía.

Días más tarde, volvía de su viaje. Quedaban atrás momentos inolvidables, por lo vivido y por lo anhelado. Comenzó a amasar esa etapa nueva. Se lanzó al amor, al abismo que se tornaba tan tentador y fascinante como amenazador. Se fue asfixiando en un amor que la desbordaba. Él la amaba a su modo y lo fue imponiendo, fue fagocitando aquel entusiasmo. Ella luchaba por hacerle ver, apelaba a su comprensión, a su entrega genuina. Entre esas diferencias, que imponían una grieta, construyeron un castillo. Era un castillo que no respondía a la categoría «de arena» ni a la de «real». Un castillo único, singular.

Se bifurcaba el mundo entre lo soñado y lo logrado. En aquella rareza, se desplegaron muchos años. No hubo descendencia. La fogata fue perdiendo fuerza y cuando las llamas del fuego mermaron, ella comenzó a descifrar la vieja confusión.

En una noche muy fría, buscando una pañoleta, cayó a sus pies un cuaderno que él había dejado —provisoriamente— en aquel cajón. Ella creía que nunca había escrito diarios ni notas, pero otra verdad se imponía ante sus manos. No se animaba a leer. Tal vez algún instinto de supervivencia actuaba de manera mecánica. Cuando sintió que su respiración se agitaba, comprendió que debía enfrentar el reto.

Una página tras otra la informaban de varias infidelidades. Leía y negaba la semántica. A fuerza de esa negación, logró avanzar en lo escrito. Guardó el cuaderno en el mismo cajón. Se abrigó con la pañoleta, pero el frío le desgarraba el cuerpo.

Todo cuanto había intentado construir desde que inaugurara su adultez se hacía polvo en esa noche. La primera noche de certezas en todo lo vivido a su lado. Siguieron días en los que intentó desenmascararlo, y él, con su férrea habilidad para fabular, dibujaba nuevas mentiras. Esos diálogos enloquecedores fueron la confirmación de que estaba en una calle sin salida. Supo que no había palabra si no había mirada donde encontrarse. No era posible echar luz en lo que se había alzado en la sombra.

Con muchas emociones enmarañadas y con gritos silenciosos, le presentó la documentación para legitimar la separación en la que —desde hacía mucho tiempo— sostenían su convivencia. El punto de inflexión era que él había elegido y ella había padecido. Ese documento era un contradocumento para él. En ese matrimonio se sostenía su prestigio y no quería renunciar a eso.

El desgaste propio de la batalla hizo caer el telón. Había que alzarse del abatimiento. Trabajar, comer, amanecer, respirar... Todo se hacía insostenible para los dos, pero las razones eran muy diferentes. Sin embargo, como indica la sabiduría popular, las heridas se fueron cicatrizando. Cada uno rediseñó su vida. Se alejaron.

En aquella distancia, una noche se encontraron. No se vieron, pero sus almas se tocaron. No todas las heridas que cicatrizan están curadas. Y en la grieta del dolor se miraron sin verse, hicieron sus textos sin tinta y hallaron sus nombres sin nombrarse.

Hay un despertar en la mañana y hay un despertar, otro, que se presenta en la noche.

Parto

Esta es la historia de un hombre solitario, hermético. Vivía aislado del mundo social. Su hábitat era la granja en la que cultivaba frutas y verduras, criaba ovejas y convivía con muchos perros. Había heredado el campo de su padre, en la provincia de Tucumán. Su padre era sueco y había llegado a la Argentina en un barco en el que trabajaba. Ocurrió que en 1940, cuando desembarcaron por rutina en Buenos Aires, el hombre decidió fugarse en esas tierras. El destierro era más atractivo que el retorno. Se fue adentrando en rutas y caminos. En pocos meses, llegó a San Miguel de Tucumán. Allí se enamoró de una mujer bella y fuerte, mujer de campo. Con ella aprendió a sembrar y cosechar. Tuvieron seis hijos. En el sexto parto, la mujer murió, y este hijo, Viggo, creció en la espesa angustia de su padre, cuidado por sus hermanos mayores, que se aferraron a la vida en las muchas raíces que su madre les había dejado en esa tierra.

Viggo se alojó en un vacío. No le faltó abrigo; tuvo cariño e incluso alegría. Su padre se esforzó mucho por darles ese clima de bienvenida que su mujer le había enseñado y en el que conoció la auténtica plenitud del amor. Pero no era fácil para su padre luchar con la tristeza y sostener el esfuerzo de llevar adelante una familia numerosa.

Sus hermanos fueron emigrando a distintas ciudades, pero Viggo se quedó en el campo junto a su padre. Cuando el padre murió, Viggo estaba por cumplir veinte años y sintió aquel abismo nuevamente. Una caída sin fin se alzaba cada mañana.

Luchaba con sus fuerzas y atravesaba los días. Esperaba con calma que retornara la noche, porque en sus sueños el mundo se transformaba. Su padre lo visitaba y le contaba hermosas historias de su madre. En esos sueños, fue conociéndola. Supo de su fortaleza, de su amor por la tierra y sus simientes, la adoración de sus hijos. Comprendió las maravillosas capacidades de sus padres para sostenerse uno al otro en la vida y superar la grieta que impone la muerte.

En una tarde calurosa, a la hora de la siesta, sintió un impulso que lo llevó a un viejo armario de su padre. Comenzó a curiosear allí y se encontró con muchas sorpresas: hermosas cartas de amor de sus padres, algunos recuerdos, unos viejos boletos de tren de Estocolmo y un anotador con dibujos y palabras en sueco y en español. Había una lista de nombres y en la última hoja, con letra de su madre, decía: «Tu nombre será Viggo, sé que eres un niño y deberás ser fuerte. Tu padre me dice que este nombre trae el poder para enfrentar la batalla. Y así será. ¡Bendecido seas desde tu nombre, hijo mío!».

Cuando Viggo leyó esto, fue como si las aguas del mar Rojo se abrieran. Sintió que su madre le daba la luz, el camino, el origen, el sentido. Halló la palabra. Supo del poder del regazo tan ansiado. La tierra bajo sus pies cambiaba. Esa pesada levedad que lo abrumaba se transformaba. El hueco y la sombra de los relatos se volvían cuerpo. Cuerpo de texto. La tinta sellaba esa presencia que le había hecho deambular por la vida y marearse en una búsqueda.

En aquella siesta que no durmió, despertó a la vida. Por primera vez, vio el letargo en el que estaba sometido. Aquel joven con veinte años sumergido en el silencio, carente de palabra, tan poco enterado sobre su existencia, despertaba. Irrumpía en un llanto que reinauguraba su vida.

Así lo narraba el propio Viggo, en español y en sueco, en la conferencia que dio ante el embajador de Suecia en su visita a Tucumán. Después de diez años de un trabajo admirable, el Refugio Natalia captaba la atención y el apoyo de muchas personas, entre ellas, importantes diplomáticos y empresarios. Viggo había elegido el nombre de su madre cuando creó el refugio en el que daría abrigo, alimento y palabra a los niños que lo necesitaran.

Aquella conferencia terminó con este discurso:

—Les cuento este episodio de mi historia porque fue allí, en esa siesta, donde Natalia, mi madre, volvió a parirme, y esta vez me entregó la palabra, mi origen. Esta felicidad fue tan inmensa que no puedo parar de repetirla. Eso es lo que tratamos de hacer en el Refugio Natalia, desde las entrañas de esta tierra tucumana.

Borges onírico

Sorprendentemente, alguien que no conozco me llevó a un mundo extraño. Tomamos un barco. A nuestro alrededor había muchos otros. Llegamos a una casa antigua, residencial, un poco lúgubre. Ingresamos, atravesamos salones barrocos, llenos de emblemas familiares. Nos detuvimos ante una caja-cama, antesala de la muerte. Me presentó a aquella mujer que agonizaba. En su pecho tenía llagas que parecían sellos de dolor. Comenzó a hablarme con una mirada firme y voz frágil:

—He conocido a grandes hombres, he amado y también sufrido. Solo me enamoré de poetas…

Siguió hablando. Hizo una referencia ambigua a un hombre especial. Narraba la fuerza de su figura, se perdía en los recuerdos. Yo iba imaginando a una especie de emperador oriental, varonil, sabio; aparecía en mi fantasía con una piedra preciosa que iluminaba su cuello o —quizás— su garganta.

Durante su relato, algo inimaginable se presentó: se acercó a ella, con una imagen difusa y elegante, Jorge Luis Borges. Pronunció con sencillez:

—Vengo a buscarte. Preferí ser yo. No hay nada que llevar, todo ha de quedar aquí.

Yo estaba fascinada y sentía miedo. Intenté preguntar —con cierto temor— si se conocían. Ella miró a Borges; él tomó la palabra:

—Algo, del modo impreciso en que se conoce a alguien que se ha amado.

Luego él la ayudó a levantarse; ella logró erguirse sostenida en su mano. Comenzaron a caminar lentamente, ayudándose con un solo bastón. Salieron del salón, y así cayó el telón de mi sueño.

Busco combinar cada pieza de este rompecabezas. He logrado algunos encastres. Tal vez la vida sea como los versos de la poesía, amarras que el alma trama para achicar los abismos. Y un día, bueno o malo, todo cambia. Intento seguir descifrando, asumiendo el riesgo de acertar o equivocarme.

Entre mareas

Recibió la noticia y se sintió raro. No se alegraba, no se encendía, no se enorgullecía. No alcanzaba a descifrar qué sentía. Preparó un té negro, fue con su taza al patio. Se sentó en la escalera que conducía a la terraza y, en plena oscuridad —como si estuviera en el cine—, inició una retrospección de su recorrido laboral. Desde la heladería en el barrio de Mataderos, donde pudo ahorrar lo necesario para su viaje de egresados, en la etapa de la escuela secundaria. Luego, al iniciar la carrera universitaria, aquel puesto de aprendiz en la empresa textil de su tío. Ya promediando la carrera de Arquitectura, ingresó en aquel imperio: la constructora Talsz. Recordaba sus esfuerzos y los logros; cada ascenso fue una celebración. No había sido fácil hacerse lugar en ese mundo lleno de obstáculos; los competidores internos y externos eran aguerridos, y muchos peleaban sucio para vencer al rival.

Ramiro había mantenido una ética digna. Desarrolló estrategias y desplegó recursos para avanzar en la empresa sorteando muchas hostilidades. A medida que recordaba, tomaba conciencia del desgaste que fue acumulando en ese desarrollo. Entonces la noticia comenzó a lucir como peligrosa: el mismísimo ingeniero Talsz le delegaba su lugar como cabeza de la organización. Le expresó:

—Solo dejando mi constructora en sus manos puedo animarme al retiro.

Detalló cómo serían los próximos meses, pero de esa información no lograba recordar mucho. Sobrevino la idea «hubiera preferido un despido». Tenía que atajar una roca enorme, cuando anhelaba un acantilado para descansar.

Terminó de beber su té y decidió que el único descanso posible —por el momento— era ir a su cama. Se sentía abatido y el letargo lo abrazó de inmediato. Su cuerpo entró en el sueño y él entró en el mar. Era la playa de la infancia, en Santa Teresita, donde su abuelo había construido la casa, aquella en la que se juntaban tíos y primos en los veranos. Esta vez la playa estaba distinta. Se escuchaba hablar italiano; había un murmullo en el aire que sonaba como la voz del nono. El cielo comenzó a oscurecerse y el día se hizo noche. La gente se iba de la playa. Decían que la tormenta estaba cerca. Pero él estaba en el mar y veía todo desenfocado. Los límites eran la arena y el horizonte, pero estaba a gusto nadando, a pesar del esfuerzo. Quería permanecer allí. Comenzó a llover y decidió salir del agua. Quiso nadar hacia la costa y no podía avanzar. Una corriente lo retenía en ese lugar. Redobló el esfuerzo, nadó en distintos sentidos, y no podía salir de ese círculo. La tormenta tronaba y los relámpagos se descargaban sobre el mar. Ya no había nadie en la playa. Sentía miedo y su respiración se entrecortaba. El aire escaseaba y el agua abundaba. Creía que la muerte merodeaba y la desesperación lo ahogaba más que la falta de oxígeno. Dio un giro intentando otra dirección y se encontró al alcance de su mano un muelle que llegaba hasta su posición. El muelle era de maderas robustas y libros antiguos. No le resultaba extraño, solo se preguntaba cómo no lo había visto antes, por qué había atravesado ese padecimiento sin darse la vuelta. Si hubiera girado antes, no habría soportado tanta angustia. Subió al muelle, caminó y logró llegar a la arena. Dio unos cuantos pasos y cayó en un pozo. Con la caída despertó.

Abrió los ojos y vio a su esposa a su lado. Ella dormía. Estaba solo, desde hacía ya muchas noches estaba solo. El trabajo, el matrimonio, ¡todo!, indicaban soledad. Ese sueño le aportó más cansancio y confusión.

Las escenas de lo soñado deambulaban en su cabeza y se cruzaban con la película de su vida laboral, la que unas horas antes había rebobinado sentado en la escalera del patio. Abatido por las imágenes, volvió a dormirse.

A las siete y veinte, lo despertó la alarma. Ducha, desayuno, saludos, coche, estacionamiento. No pensaba. Actuaba en automático. Ingresó en su escritorio y miró de un modo nuevo el juego de encastres de madera que tenía allí desde hacía años. Lo desarmó y exploró otra combinación de aquellas piezas. Intervino las maderas con los libros de la biblioteca. Construyó un algo cuyo horizonte resultaba ser *La divina comedia*. No le gustó ese cierre, retiró el libro y colocó un lápiz.

Al mediodía se encontró para almorzar con el señor Talsz. Ramiro inició un discurso planteando su agradecimiento y su alejamiento de la empresa. La conversación fue mutando de lo comercial a lo metafísico. Después de tres horas intensas de palabras y gestos, brindaron por un proyecto nuevo que los vincularía por fuera de la empresa. Construirían un muelle para abrir un espacio de cultura. Al proyecto lo nombraron «Dante, entre peces y perdices».

Lluvia bendita

El viento hacía de arco de violín sobre las ramas de los árboles. La niña miraba por la ventana del altillo, a donde le gustaba ir a jugar. Esa tarde notó que los animales del campo buscaban un sitio distinto al que habitualmente recurrían. Pensó que ellos también se sentían asustados por tanto viento. Sin sol todo cambiaba de color. También cambiaban sus ganas de jugar. El cielo parecía amenazar la calma que solía sentir en las siestas. Sus padres estaban ocupados organizando la casa. Hablaban de prepararse para el aguacero. Ella no sabía qué era eso. Sin embargo, comprendía que todo estaba alterado.

Sintió un estruendo, se acercó a la ventana y vio que un árbol enorme había caído. La bomba de agua, que estaba sonando, se detuvo de repente; la luz estaba cortada. No había electricidad en la zona, escuchó decir. Sus padres estaban guardando las ovejas y las vacas en el establo. Su hermano mayor entró en la casa y le preguntó cómo estaba. Luego le explicó que debían prepararse para una gran tormenta. Le pidió que se ocupara de colocar velas en los candelabros y distribuirlos en las habitaciones y la cocina. «El eucalipto que cayó cortó un cable de luz y, con la tormenta que se avecina, no sabemos cuándo habrá corriente eléctrica», explicó. Todas esas palabras excedían lo que podía escuchar en ese momento.

Su hermano salió de la casa y ahora la soledad la aplastaba. No podía jugar ni pensar; el viento era penetrante, hacía crujir las maderas de las ventanas. Fue al salón comedor a buscar las velas y trató de concentrarse en la tarea que le habían indicado.

Se despertó la tormenta con truenos y relámpagos. Su familia volvió a la casa. Se abrazó a su madre y expresó su miedo. Todo estaba oscuro ya. El padre encendió las velas y armó un fuego con leños en el hogar. Su mamá le advertía de lo que sucedía y cómo debían organizarse durante la noche, que ya estaba sobre ellos.

Siguieron días y noches de lluvia. Sus padres se equipaban para poder asistir a los animales en el establo. Una de esas salidas fue especial. Su madre volvía a la casa con algo envuelto entre sus brazos y el padre traía con un lazo a una oveja. Entraron en la casa y vio a la pequeña ovejita en los brazos de su mamá. Explicaron que acababa de nacer y creían necesario que madre e hijo estuvieran resguardados, junto a ellos.

Entre todos armaron una especie de pesebre en el salón. Para Marina, el mundo se transformaba. Lo que había sido —hasta ese momento— una situación de temer, pasaba a ser pura magia. Pasaba las horas junto a ella. Sus papás le enseñaban a acompañar a las ovejas, respetando sus costumbres. La ovejita crecía y su madre se mostraba tranquila y agradecida.

Las lluvias terminaron después de siete días desde el alumbramiento. Urio —así llamaron al borrego— ya andaba por la casa como una mascota. Con el retorno del sol, planeaban llevarlo con su madre al establo. Marina no podía desprenderse de su compañía. Su vida había sido alumbrada por una bendición. El «amén» funcionó en esta hermosa familia. Después de la tormenta de aquel verano que impuso miedo y confusión por varios días, siguieron años de felicidad y buena solidaridad.

Aquel pesebre trajo su buena nueva.

¿Dónde están las cosas?

¿Dónde estoy yo?

Todo al alcance de la mano y tan lejos de su voluntad. Padecía una extraña enfermedad que le provocaba una distorsión en la percepción del tamaño de las cosas. Esto le causaba permanentes frustraciones. El problema se agravó en la adolescencia. La ciencia no conocía demasiado sobre la cuestión.

Mara terminó su carrera de Derecho siendo joven y se sumó al estudio de su padre, que venía de la mano de su abuelo. Era una familia de leyes. De leyes rígidas, algo asfixiantes. Tal vez tanta falta de oxígeno influyó en esa extraña patología que la dejó marginada.

Sus relaciones de amistad eran bastante superficiales. Nunca se había enamorado. Anhelaba conocer a alguien especial, pero sabía que era difícil si ella sostenía su rutina de encierro. Le costaba exponer en público sus percepciones erradas. Se sentía ridícula cuando intentaba tomar algo y los bordes de los objetos distaban de sus cálculos. Debía manejarse por tanteos, y esto era una pesadumbre para ella. Era como una ceguera sin estar ciega. Su familia —con el deseo de no verla sufrir— se esforzaba en disimular la realidad. Esto potenciaba su malestar, con el agregado de un estado latente de enojo, que comenzó con la misma enfermedad.

Se acercaba Fin de Año y sintió un fuerte impulso de generar un cambio significativo. Comenzó a buscar opciones vacacionales. Deambulaba sin rumbo en varias ofertas. En las páginas de una agencia de turismo, le apareció una publicidad de un centro de neurooftalmología. Indagó rápidamente y concertó una cita para la semana siguiente. Esto le producía ansiedad, temor y una esperanza leve. En los días siguientes, se sentía con otra disposición para ir al estudio. Incluso era más amable con los clientes y tenía más apetito. Hizo un plan con amigas para el fin de semana. Le atraía la cocina. Preparó platos diferentes y una torta galesa, que era su preferida.

La noche anterior a la consulta, pensaba en todo lo que debía decir y preguntar. Repasando situaciones cotidianas, advirtió que un cambio se estaba gestando. Los últimos días habían sido menos pesados. Había estado más tolerante con sus desaciertos. Comprendió que la esperanza que le generaba la fantasía de hallar alguna solución a su problema la alentaba a enfrentarlo con otros recursos. Notó que había comenzado a mostrar su dificultad. Al pensarlo, tuvo la sensación de haber desatado un corsé. «Ahora resta salir de este presidio», se dijo.

Esa noche no logró dormir. Muchas escenas de su vida reaparecían e intentaba —por primera vez— dominarlas. Ese intento era el gran cambio que se había iniciado, pero no lo percibía con claridad. También esa idea intangible requería de tanteos.

Por la mañana, se preparó para ir al consultorio. Solía vestirse de forma elegante y clásica; decía que su profesión exigía ese estilo. Ese día no hallaba prendas que la hicieran sentir cómoda. Eligió un vestido azul y se animó a un toque transgresor: tomó un pañuelo multicolor que no había usado nunca. Se lo había regalado un cliente que era pintor; ella solía referirse a él como «el surrealista». Alegró su figura con el pañuelo, se miró al espejo y pensó algo muy revelador: «Tengo más distorsiones perceptivas que las que creo tener».

Entró en el consultorio con menos temores y con una esperanza rara, distinta de la que se había originado una semana antes. El doctor Roig le hizo muchas preguntas. Las que se referían a su adaptación con la enfermedad fueron todas y cada una como ventanas, que en la misma formulación presentaban un modo diferente de mirar su realidad. Estaba rara, emocionada, confundida, en el declive de una crisis de ansiedad. No pudo contenerse y comenzó a llorar en forma desmedida.

El médico se transformó en un hombre que la contuvo con una comprensión que desconocía. Esa noche cenaron juntos, recibieron juntos el año nuevo. Y ese ¡fue el primer año realmente nuevo! Todo lo supuestamente conocido se volvió novedad para Mara. Cambió su modo de vestirse, su manera de expresarse, el trato con su familia, su percepción de lo que tenía valor de ley y de lo que tenía título de incierto.

Se asoció con «el surrealista» y crearon un espacio de arte en el centro de neurooftalmología donde había conocido la luz y se había animado al color. El doctor Roig no tenía la solución médica para su enfermedad, sino una mirada que podía transformar una distorsión en un hallazgo.

Formaron una familia. Disfrutan de cada día de sus vidas. Mara pudo curarse del aspecto más severo de su enfermedad: la anestesia frente a la vida. Hoy tiene todo al alcance de su voluntad y ya no oculta los tanteos de sus manos.

Entre casuarinas y dalias

Algunas historias no pueden ser escritas. Son aquellas que no culminan su gestación; algo las interrumpe y quedan flotando en un espacio que no es compatible con el lenguaje. Son intentos que no logran convertirse en vivencias.

Ella se hizo poeta para poder parir los hijos que no pudo gestar. Convirtió en cuentos y novelas los sueños que vivió apresada en piezas de rompecabezas. Tuvo un gran amor, al que se entregó enfrentando los prejuicios de la época. Él se brindaba con intensidad en los recortes de tiempo que se inventaba. No contaba con la valentía de ella. No era capaz de prescindir del formato social que le aportaba su familia. Eligió una vida dividida. En verdad, la hondura de la vida la conoció junto a ella, la poetisa de principios de siglo, esa mujer tierna y aguerrida que sabía cocinar, recitar y amar. Ella aceptó ese lugar escondido, porque no estaba dispuesta a dejar morir su amor. Así vivieron muchos años, como inmersos en sueños. Él podía despertar y dormir. Ella, en cambio, quedaba aletargada en una ensoñación de la que no podía desprenderse.

Escribir la rescató de enloquecer. Con su pluma, dibujaba las historias que no podía vivir. Sus experiencias eran enunciaciones, promesas, prólogos fascinantes de libros inconclusos. Así transcurrió su juventud y su madurez. Una suma extensa de noches y días apasionados y atacados por la intermitencia que él le imponía. Al cabo de muchos años, advirtió que le había entregado todo de sí a un hombre tan fascinante como cobarde.

Con la fortaleza que donan los dolores cuando se hacen perpetuos, una mañana, cuando paseaban en la carreta, le dijo que ese sería el último encuentro. Lo que siguió fue una desmesura de besos, ruegos y llantos. Pero estaba decidido, debía rescatarse de ese permanente naufragio. Él le pidió que se quedara en su estancia; ese era el sitio donde tejieron sus sueños, y quería donárselo. Ella aceptó con una condición única: no volverían a verse ni siquiera para firmar papeles. Él se sintió sin salida, pero ella merecía su respeto. Era el ser más digno que había conocido en toda su vida; era un hombre de leyes y sabía del supremo valor de la dignidad.

Cuando él bajó del carruaje, ella inició su vida en la grieta, ese lugar en el que su ausencia era ineludible. Sin embargo, comenzó a conformarse con sus flores y sus recuerdos. Él le hizo llegar la escritura de donación. En ese sobre, ella acumuló trescientas hojas en las que escribió su gran novela: *Amarte en la ceguera de la ausencia*. El libro tuvo cinco ediciones con una misma dedicatoria: «Para Z, el hombre que con su poda me hizo reverdecer».

Una barca cargada de historia

En una madrugada irrumpió un saber, que anidaba en una lengua oculta, a descifrar. Como una ostra que pacientemente envuelve lo residual hasta hacerlo perla, supo que su mayor obstáculo había mutado a letra.

Navegaba en una barca precaria sin otro horizonte que el agua. El viento colaboraba en una dirección que era tan desconocida como cualquier otra. Una sombra la escoltaba sin responder a ningún cuerpo presente. En aquella rareza, comenzaron a emerger voces con anuncios: «C'è un segreto che é a portata di mano»; «Il martirio che ti precede sarà l'approvazione futura»; «La morte non cancella la colpa»; «La vita ha debiti con te»; «Ecco il tuo destino»; «La giustizia sta arrivando»; «Ogni passo del cammino era necessario»; «È tempo di pace»; «Ci saranno solo quelli che hanno saputo amarti», «L'alba è già».

Comprendía más allá de las palabras que sonaban como en un eco. No dominaba esa lengua y el mensaje era tan claro que hacía visible todo lo oculto de su historia. Respiró profundo, cerró los ojos y, al abrirlos, la sombra se había ahogado. El viento cedió y la barca se mecía en pacífica alianza con las aguas. Se sintió cansada y, cuando creía que se adormecía, ¡despertó!

No recordaba lo sucedido. El sueño armó el destino. Siguieron días en los que se sentía a gusto con la vida. Cantaba, sonreía, relataba historias, olía las flores del jardín.

Tenía una caja rosada que su madre había traído cuando emigró de Sicilia. Allí se fueron acumulando documentos, cartas y papeles de recuerdos de la familia. Tomó cada uno de esos papeles y los transformó en barcos. Llamó a su nieta Julia, que era artista, y le entregó la caja llena de barquitos. Le explicó que necesitaba que ella transformara aquella herencia dolorosa y enredada en una obra saludable y colorida.

Julia realizó el contorno de la isla de Sicilia con los barcos. A cada uno le dio su nombre y los vinculó con hilos de muchos colores. La obra se expuso en el puerto de Buenos Aires con el nombre *L'alba è già*. Julia la presentó con un diálogo abierto con su abuela, y ella expresó:

—Cuando se está en el final del camino, se comprende la vida, se hacen visibles los nexos y, como en los sueños, uno puede navegar en la oscuridad. Entonces, una nieta puede ponerle color a la historia y transformar lo oscuro en *l'alba*.

Dicho lo dicho, versaré

Se despertó. Lo soñado había producido efectos. No podía comprenderlos, pero su cuerpo experimentaba cambios. Le dijo a su marido: «Me escribe la cabeza». Él sonrió y ella tomó su pluma.

Toda su vida estaba habitada de palabras. El registro atravesaba su lengua materna. Sonaban voces de un decir ancestral, esas que en su conjunto constituyen el lenguaje propio, en el que la vida puede enredarse y desanudarse.

Aquella frase era un código entre ella y el marido. Solía despertarse de un sueño con esa sensación de sed urgente por escribir. Como la altamar que al retirarse deja huellas de su paso, así operaba ese engranaje. Su expresión equivalía a las campanadas de la parroquia del pueblo. Algo iba a ser dicho, algo que tomaba la palabra y la agujereaba. En esos agujeros, se deslizaban los decires. Había que atraparlos en el cuerpo, en el fluir del sueño.

Cada palabra es un parto, con todo lo que parir condensa. Somos paridos en un sonido grito, en la hondura de la vida donde no alcanza la palabra, y allí resonará por siempre un poema. No logra decir, por eso no cesa de intentarlo. La tinta se acaba y el deseo la reclama.

Solo andando en lo confuso y en lo incierto se hace el propio camino. Requiere coraje leer lo escrito entre los pasos. Es necesario aprender a tolerar el abismo, esa frontera entre descifrar y enloquecer. Casi sin remedio, aprendiendo a renunciar. Solo es posible hablar, pero a veces se dice y otras se oculta. Entonces, soñar nos salva.

MADRE

En una nana nos mece,
nos arrulla,
nos envuelve,
nos en-canta.
Nos distrae del esfuerzo.
Así comienza todo cuando hay palabra.
No hay fondo
mientras perdure el aire.
De oasis en oasis
se teje la existencia,
buscando aquel sonido
que abriga y calma.
Ensayo un poema
para nacer-te.
Escribo por un canto…

De ramos generales...

Que sí, que me gusta declamar.

Los juglares declamaban por los pueblos y a mí me gusta ese oficio.

Me gusta en el sentido del uso apasionado de la lengua, no sobre tema fingido o supuesto, sino sobre aquello que me dicta la sangre. Esa sangre con la que escribo y hablo. No es cuestión de orgullo, es el placer de abrir ventanas y respirar. Es animarme al tuteo con la vida, es reverencia ante lo que importa, lo que marca el rumbo; al menos el mío.

El tiempo me mostró la opción de presentarle batalla a la timidez. Y allí estoy, avanzando a veces y retrocediendo otras.

Algunos pasos me permito. Allí va mi voz, en poemas, en botellas al mar.

Soñar

Como el río que se ciñe
a las estrecheces de la tierra,
que sortea piedras,
que alimenta aves
y también fieras.
Que avanza sin pausas
en busca del mar
para derramar su cauce.
Allí se libera,
y un nuevo contenido
ya estará en camino.

Así es el soñar:
muchos afluentes se enredan
en busca del gran mar.

ENTRE LA NOCHE Y EL DÍA

Traigo en las vísceras una voracidad de verbo
que constituye un torrente y no tiene cese.
Nació antes de mi existencia, me hace ser
en un decir con ambición de eco.
En la aldea, en la montaña,
en el lago y en el mar,
se ocultan las letras a revelar.
La pluma se hace brújula
y la tierra narra el grito,
el aullido y el suspiro.
Luego, el silencio llega,
como la noche que cede al día.
Como si hicieran música con acordes de mareas,
los graves y los agudos se enlazan
y una voz se ensancha.

HE AQUÍ... ¿MAÑANA?

Las biografías son mapas.
Las historias, la ilación de un sinsentido,
creando un cauce.
La vida se nutre en el impulso
y queda escrita en lo andado.
Todos los caminos surcan la tierra.
Los peregrinos nacen y mueren,
pero cada huella se suma en un escrito
que trasciende a todas las lenguas.
Es un rasgo, la perpetuidad de un gesto,
casi un documento que promete
un recuerdo para el olvido.
La tarea ineludible se repite:
aprenderás que el ego es vestimenta.
La vida invita, hace lugar y luego…
todo es brisa.

UN ATARDECER EN ECO

Transcurren días y noches.
Amanecen y envejecen flores.
El tiempo va mutando
más allá de lo recorrido.
De tanto en tanto,
las confusas percepciones
arrojan alguna claridad.
Esa potente y desafiante unidad de medida,
que nos es entregada
al comienzo de la existencia,
abre sus enigmas.
No es dable anticipar,
los saberes se conquistan.
Los lazos tejen una trama,
no exenta de nudos.
En cada uno, algo se va anudando.
En nuestra unidad de medida
un texto se escribe.
Siempre lleva un prólogo, casi oculto,
y una letra descendiente donde anclar.
Palabras sueltas y amarradas
alzan susurros, gritos y aullidos.

Suscribo

Quieras o no, aflora.
Lo sepas o no, aflora.
Y sorprende cual brote
naciente.

Para nacer es menester
contar con una cadena
centenaria.

Todo cuanto aflora
se hace (texto) escrito
de múltiples voces
que germinan y rompen
en brote.

Y así queda signado.

LO QUE FUE...

Nada que decir.
Ya todo está dicho.
Imponían un silencio
que se agujereaba
con sus miradas.
Las palabras exiliadas.
Los cuerpos en fuga.
El barco a la deriva,
con sus almas a desborde.
Como estatuas
sobre las tablas,
en una proa ciega
tanteaban un rumbo
que se escapaba.
Días y noches
en una travesía
sin bitácora.
Imponían un silencio
que se agrietaba
con sus presencias.
Nada que decir.
Ya todo fue dicho.

CLAVIJA

El escritor gira una llave
en una cerradura falseada.

Gira y gira, produciendo
un decir.

Un silencio originario se lanza
a la conquista fallida
de la palabra.

Esa que nunca alcanza;
entonces se reproduce:
gira y gira.

Dice y dice, para secretear
en el agujero del silencio.

Todo y nada reunidos
en búsqueda de una lengua
que trasciende al lenguaje.

ETNA

Intento bocetarlo, y huye.
Tengo las cenizas
que dejó su lava.
En la noche, irrumpe:
majestuoso, tirano, potente.
En la mañana,
solo atisbos desordenados.
Su paso ejerce un calado
que hace de límite, fallido.
Bendito sea tu destino,
de insuficiente.
Benditas tus grietas
por incandescentes.
Cada paso, una pascua.
Cada despertar, un reto.
Cose recuerdos y fantasías,
y deja olvidos con agujeros.
Un pájaro carpintero
en mi cabeza pica y pica.
¡Es un artista!
Lo llaman Sueño;
yo lo apellido Poeta.

TINTA

Y un día llegó la tinta.
¡El mundo cambió!
Cada jornada escolar
había sido equitativa en el sinsentido.
Pero aquel día,
se encendieron las luces.
Una invitación al baile de palacio.
Un permiso, una promesa…
La pluma lucía
como el invento más sagaz,
como la reina más deslumbrante.
No importaban las letras,
con los firuletes alcanzaba.
Mil plaplas danzaban
en los renglones-pentagrama.
Así aprendí el esgrima
de escribir: *touché*.
Cada letra se hacía enigma.
Las palabras eran juegos
con infinitas multiplicaciones.
La escuela conservó su sinsentido.
Yo deambulaba entre el sótano de la huida
y la buhardilla de los ensueños.
Soportando la sensación de la ausencia,
hacía patinar la tinta.
Capricho, locura, travesura.

¡A puro instinto!
El sueño y la vigilia
se sellaron para siempre.
Allí habito, en la tinta.
En cada trazo inhalo
y en cada poema exhalo.

Orilla borde

Allí donde la tierra se hunde,
donde cede y se entrega,
donde su fuerza precipita,
donde la arena la acalla,
donde el viento reina,
donde la luna y el sol
despliegan su danza;
allí nacen y mueren
todos los gritos,
el misterio se ensancha,
la vida y la muerte dialogan.
La palabra se ahoga
y el silencio halla su voz.
La hondura es infinita
en esas aguas, sabias.

Allí donde la tierra se hunde,
siento mi lugar.
Un imán genético
escribe el sosiego.

Allí donde la tierra se hunde
quiero vivir y luego
aquietar mi alma,
en el mar.

EMIGRADOS

Atrapados en un silencio
enlazan sus historias.
El dolor de la huida
los pone a rumiar
ecos de voces doradas.
La angustia se multiplica
en las miradas.
Se desencuentran
en identidades confundidas.
Entre sueños retornan…
Refugiados en sus cuerpos,
se desmoronan y se alzan.
Lloran y ríen,
ensayan una salida:
la llegada.

A LA DERIVA VOY

En este sitio,
a la hora en que la sombra
se esconde en la oscuridad toda,
siento el abrigo de la palabra
y me entrego a su manto.
Algo puja por nacer,
la identidad en marcha ciega,
tejiendo la trama que se anuncia,
hasta dar con un destino.
Simula repetirse,
pero es siempre un estreno.
Mil laberintos me aguardan
y uno será camino.
Hay un saber que me alumbra:
soltar amarras.

...

Todo sueño termina
Culmina el beneplácito
del sueño maravilloso,
y finaliza la tortura
de las pesadillas.
Siempre hay un final.
Pero el origen y los efectos
que encriptan los sueños
no se ajustan al tiempo
propio de su escenificación.
Hay una suerte de continuidad
que trasciende al soñar,
y (de otro modo) sigue ocurriendo.
La escritura testimonia.
En toda palabra
laten jeroglíficos.
En todo texto
hay una lectura ofrecida,
e infinitos escondites
donde asomar.

Índice

Sobre la autora

Graciela Neira Lage nació en Buenos Aires. Es psicopedagoga clínica. Desde hace varios años integra la escritura a su praxis. Desarrolla diversas actividades para promover el ejercicio de escribir como vía de descubrimiento y encuentro.

Comenzó a escribir en la adolescencia, jugando con la poesía y la caligrafía. En 2013 publicó *Las geografías que nos constituyen*. También es autora de diversas publicaciones en periódicos y revistas del ámbito académico.

Su faro se orienta a darles voz a los saberes ancestrales que nos habitan, habilitando el rumbo que cada pluma decida. Allí anidan su pasión y su vocación como terapeuta y como escritora.

Considera que el psicoanálisis tiene una matriz poética y que la escritura es un camino subjetivo y social. Por esto suele afirmar que «en todo texto hay uno y más poemas posibles».